SUCCESSION MONBRO

OBJETS D'ART

ET

D'AMEUBLEMENT

Me PAUL CHEVALLIER, Commissaire-priseur
M. A. BLOCHE, Expert

IMPRIMERIE DE L'ART

Succession Monbro

OBJETS D'ART

ET

D'AMEUBLEMENT

PARIS. — IMPRIMERIE DE L'ART
E. MÉNARD ET J. AUGRY, 41, RUE DE LA VICTOIRE

CATALOGUE

DES

OBJETS D'ART

ET

DE BEL AMEUBLEMENT

Anciennes porcelaines de Sèvres, Saxe, Chine et Japon
montées et non montées
Mosaïques — Émaux cloisonnés — Matières précieuses

BEAUX MEUBLES ORNÉS DE BRONZES
Époque et style XVIIe siècle

Panneaux en bois sculpté de la Renaissance
Sculptures, Marbres, Terres cuites

BRONZES D'ART ET D'AMEUBLEMENT

Grandes Colonnes en marbre, Glaces, Lustres
Argenterie — Objets de vitrine — Livres anciens
Tableaux, Dessins, Tapisseries, Étoffes

Le tout provenant

DE LA SUCCESSION DE FEU M. MONBRO

ET DONT LA VENTE AURA LIEU

HOTEL DROUOT, SALLE N° 1

Les Jeudi 19, Vendredi 20 et Samedi 21 Février 1885
A DEUX HEURES

Me P. CHEVALLIER	**M. A. BLOCHE**
COMMISSAIRE-PRISEUR	EXPERT
10, rue Grange-Batelière, 10	44, rue Laffitte, 44

Chez lesquels se trouve le présent Catalogue.

EXPOSITION PUBLIQUE : Le Mercredi 18 Février 1885
DE 1 HEURE 1/2 A 5 HEURES 1/2

CONDITIONS DE LA VENTE

Elle sera faite au comptant.

Les acquéreurs payeront en sus des enchères *cinq pour cent*, applicables aux frais.

L'exposition mettant le public à même de se rendre compte de l'état des objets, aucune réclamation ne sera admise une fois l'adjudication prononcée.

DÉSIGNATION DES OBJETS

OBJETS D'AMEUBLEMENT

1 — Belle pendule en bronze ciselé et doré, représentant un lion portant le mouvement, qui est surmonté d'un vase enguirlandé de lauriers, avec socle rectangulaire, offrant sur la façade un médaillon au profil de Louis XVI, entouré de lauriers et surmonté d'un nœud festonné. Cadran signé *Julien Le Roy*. Époque Louis XVI.

2 — Paire de girandoles à trois lumières, en bronze doré, modèle à côtes tournantes, ornées de feuilles d'acanthe, époque Louis XVI, avec bras de lumières, de style Louis XVI.

3 — Paire de vases en verre gros bleu, avec

jolies montures en bronze ciselé et doré, à guirlandes de lauriers, gorge à feuilles d'acanthe et anses forme grecque.

4 — Deux chenets en bronze doré, de style Louis XVI, avec pelle et pincettes.

5 — Paravent à quatre feuilles en tapisserie au point, monture en acajou.

6 — Jolie console en bois, finement sculptée, rechampie de blanc, à rocailles et guirlandes avec dessus en marbre fleur de pêcher. Époque Louis XV.

7 — Paire de lampes en porcelaine gros bleu, monture en cuivre.

8 — Glace biseautée, avec cadre à fronton en bois sculpté et doré, représentant un trophée guerrier. Style Louis XV.

9 — Table à jeu en marqueterie de bois, avec damier dessus. Époque Louis XV.

10 — Canapé en bois sculpté rechampi de blanc,

couvert en tapisserie à fleurs sur fond blanc. Époque Louis XIV.

11 — Petite table en bois du Tonkin, ornée de fines incrustations de burgau, avec entre-jambes en forme de coupe burgautée.

12 — Paire de jolis flambeaux en bronze ciselé et doré. Époque Louis XIV.

13 — Paire de flambeaux en bronze doré. Époque Louis XIV.

14 — Six fauteuils en bois sculpté, rechampi de blanc, et couverts en tapisserie à fleurs et feuillages sur fond blanc. Époque Louis XIV.

15 — Joli petit meuble *Bonheur du jour*, formant bureau en bois rose, citronnier et acajou, orné de moulures et d'entrées de serrures en bronze doré. Dessus en marbre blanc, avec galerie de cuivre. Style Louis XVI.

16 — Très joli petit meuble, dit Cantine, en laque fine du Japon, fond noir à rehauts d'or.

17 — Beau bureau à trois faces, en marqueterie de cuivre et d'étain sur fond d'écaille de l'Inde, posant sur huit pieds ornés de bronze et ralliés par des X. Époque Louis XIII.

18 — Joli bureau à quatre faces, en bois rose et palissandre, forme à contours, orné de montants, de sabots et de poignées en bronze doré. Le dessus est bordé d'une large moulure en cuivre, avec coquilles aux angles. Style Louis XV.

19 — Jolie table de forme contournée, en bois rose, décorée de marqueterie à fleurs, ornée de bronze doré. Style Louis XV.

20 — Glace avec joli cadre en bois sculpté et peint fond vert d'eau, représentant des rocailles et des fleurs en couleur.

21 — Beau lustre en bronze ciselé et doré, à six lumières, de style Louis XIV.

22 — Belle pendule avec son socle d'applique, en marqueterie de cuivre et d'écaille, ornée de cariatides et d'enroulements en bronze

doré. La façade est agrémentée d'un trophée d'attributs de musique et d'agriculture, le bandeau à lambrequins est tout fleurdelisé. Époque Louis XIV.

23 — Jolie petite pendule en bronze doré avec socle adhérent, forme à rocailles. Cadran signé : *Lepaute*, *horloger* au Luxembourg.

24 — Pendule de forme religieuse en bois d'ébène et marqueterie de cuivre d'étain, sur fond d'écaille de l'Inde, ornée de bronze doré. Époque Louis XIV.

25 — Jolie pendule de forme monument, à colonnettes détachées en bois noir et marqueterie de cuivre, sur fond d'écaille de l'Inde, ornée de bronzes. Époque Louis XIV.

26 — Jolie pendule en bronze partie dorée, forme monument, couronnée par des figures d'Amours et ornée de chaque côté du cadran (signé : Balthazard) d'Amours assis supportant le fronton et tenant des guirlandes de fleurs et de fruits; socle en marbre griotte, orné de festons et de feuilles de chêne en bronze doré. Style Louis XVI.

27 — Pendule de forme dite religieuse, en marqueterie de cuivre, sur fond d'écaille de l'Inde, ornée de bronzes; signée : *Nicolas Brodon*, Paris. Époque Louis XVIII.

28 — Deux grands vases en émail cloisonné de Chine, fond bleu turquoise, avec oiseaux et paysages en couleur. Les cols sont décorés de rosaces et d'entrelacs.

29 — Deux grandes torchères formées de figures d'Amours grandeur nature en bronze, patine rouge, portant des carquois avec bouquets de lis à onze lumières en bronze doré.

30 — Pendule forme monument, ornée de draperies en bronzes dorés et marbre blanc. Époque fin Louis XVI.

31 — Paire de petits flambeaux en bronze doré, décor à coquilles. Style Louis XIV.

32 — Belle pendule à cadran tournant, formée par un vase en porphyre oriental, montée en bronze ciselé et doré, avec serpent s'enroulant autour du pied et de son dard indiquant

les heures, anses à têtes de lions tenant des anneaux mobiles dans leurs gueules. Style Louis XVI.

33 — Socle d'applique en bois sculpté et doré, forme cul-de-lampe. Style Louis XVI.

34 — Joli flambeau en bronze ciselé et doré, orné de quatre têtes de lions, de coquilles et de feuillages. Époque Louis XIV.

35 — Candélabre à bouillotte à trois lumières, en bronze doré. Époque Louis XVI.

36 — Groupe de bustes en bronze doré : le Baiser d'Houdon.

37 — Buste d'Empereur romain en marbre vert antique et bronze, jolie patine. XVIe siècle.

38 — Deux petits groupes d'enfants en bronze doré. Style Louis XIV.

39 — Presse-papiers en marbre.

40 — Boîte à thé en grès de Flandre à quatre

faces, offrant en bas-relief des cartouches avec figures allégoriques et des scènes de la Renaissance.

41 — Curieuse théière à trois pieds en ancien émail cloisonné de Chine, décor à carrelages et motifs variés.

42 — Cassolette en ancien émail cloisonné de Chine, forme canard, sur socle en bois sculpté de Chine.

43 — Petit lustre en bronze à six lumières, garni de cristaux de roche.

44 — Console en bois rose et marqueterie, dessus en marbre. Époque Louis XVI.

45 — Petite table en marqueterie de bois avec galerie en cuivre. Style Louis XVI.

46 — Deux fauteuils en bois sculpté.

47 — Chaise longue à dossier tournant, couverte en étoffe de laine.

48 — Paravent à quatre feuilles garni de moire rouge.

49 — Beau vase en ancien émail cloisonné de Chine, décor à fleurs et grecques sur fond bleu turquoise et jaune impérial.

50 — Paire de candélabres formés de vases en albâtre, montés en bronze doré avec bouquets de lis, à trois lumières. Époque Louis XVI.

51 — Deux chenets en bronze doré, style Louis XVI, avec pelle et pincettes.

52 — Baromètre-thermomètre en bois sculpté et doré. Époque Louis XVI.

53 — Bureau à cylindre en acajou orné d'encadrements à perles de cuivre. Époque Louis XVI.

54 — Fauteuil de bureau tournant en palissandre. Époque Louis XVI.

55 — Support de vasque en bois sculpté rehaussé d'or par parties. Style chinois.

56 — Deux plaques rectangulaires en mosaïque de Florence représentant des vases de fleurs, encadrés de festons et de guirlandes.

57 — Plaque rectangulaire en mosaïque de Florence offrant en relief un vase de fleurs.

58 — Cartel forme carrée avec cadran en ressaut tout en marqueterie de burgau, d'ivoire peint et de bois de couleur. Style Louis XIII.

59-60 — Deux vitrines à hauteur d'appui s'ouvrant à deux battants, en bois d'acajou ciré, orné de bronze doré. Style Louis XVI.

61 — Joli petit cabinet en bois d'ébène incrusté d'ivoire, s'ouvrant à deux battants, représentant au centre des figures allégoriques à l'Abondance et à la Tempérance, encadré de dessins raphaélesques. L'intérieur, garni de tiroirs avec réserves au centre, représente des sujets de chasse, et sur les panneaux principaux, les figures de Mars, Bellone et Minerve. Époque Louis XIII. Posé sur une petite table-console de même style.

62 — Armoire à deux battants, du temps de

Louis XIV, en bois sculpté rechampi de blanc.

63 — Deux tabourets en bois de chêne à rubans.

64 — Jolie pendule en marqueterie de cuivre, sur fond d'écaille de l'Inde, avec cadran ciselé, ornée d'un bas-relief à figures allégoriques, garnie de cariatides, d'enroulements et de mascarons en bronze doré. Époque Louis XIV.

65 — Galerie en bois sculpté et doré, forme Régence.

66 — Glace biseautée avec joli encadrement à fronton en bois sculpté et doré; composition empruntée aux cartons de Bérain.

67 — Quatre pommeaux en cuivre doré, couverts de feuilles d'acanthe.

68 — Colonne en bois cannelé rechampi de blanc, rehaussé d'or. Style Louis XVI.

69 — Pendule en marbre blanc, représentant

deux enfants en bronze, portant le mouvement en bronze doré, couronné par un amour à califourchon sur un lion. Cadran signé *Manière*, Paris. Époque Louis XVI.

70 — Deux figures d'appliques en bronze, homme et femme (pour chenets).

71 — Console en bois sculpté. Époque Louis XV.

72 — Socle en bois sculpté noir et or. Style chinois.

73 — Petit canapé en bois sculpté rechampi de blanc et de gris, dessin à rocailles et fleurs. Époque Louis XV. Couvert de tapisserie à fleurs sur fond blanc.

74 — Belle statuette équestre en bronze, représentant Louis XIV à cheval. Posée sur socle en bois noir, orné de marqueterie de cuivre, de mascarons et d'écussons à volutes en bronze doré. Style Louis XIV.

75 — Deux chaises en bois sculpté, à fleurs et volutes, couvertes en tapisserie, repré-

sentant l'une un singe sur un dauphin et une allégorie des *Fables de La Fontaine*, encadrée de fleurs; l'autre des vases de fleurs d'après Baptiste. Époque Louis XIV.

76 — Deux chaises en bois sculpté rechampi de blanc, époque Louis XIV, couvertes en tapisserie à fleurs.

77 — Six chaises volantes en bois noir laqué et canné.

78 — Petit tableau en mosaïque à fleurs, avec cadre en bois sculpté et doré. Louis XIV.

79 — Jolie cave à liqueurs, en cuir ciselé et doré au petit fer, garni de clous avec appliques de serrures en cuivre doré, surmonté d'une figurine, Pomone; renfermant quatre flacons montés en argent. Époque Louis XIV.

80 — Paire de jolis petits vases en marbre blanc sculpté à côtes tournantes, avec anses en bronze doré. Style Louis XVI.

81 — Joli vase forme balustre renversée en verre

gros bleu, monté en bronze doré. Style Louis XVI.

82 — Deux girandoles en bronze doré, garnies de cristaux. Style Louis XVI.

83 — Paire de flambeaux en bronze doré, modèle à colonnettes. Époque Louis XVI.

84 — Jolie pendule en bronze doré, représentant un enfant couché sur un tronc d'arbre et portant le mouvement, demi-enveloppé dans une draperie. Cadran signé *Cronier*. Époque Louis XVI.

85 — Petite vitrine à hauteur d'appui, en marqueterie de cuivre, sur fond d'écaille de l'Inde. Style de Boule.

86 — Table à jeu en acajou.

87 — Table en bois rechampi de blanc. Style Louis XVI.

88 — Petite vitrine à hauteur d'appui en mar-

queterie de cuivre et d'écaille, avec moulures et encadrements en bronze doré.

89 — Deux appliques à deux lumières, en bronze doré orné de guirlandes de lauriers. Style Louis XVI.

90 — Petite table en marqueterie de bois, forme à contours.

91 — Deux montants en bois finement sculpté rechampi de blanc et rehaussé d'or. Époque Louis XIV.

92 — Petite console d'applique en bois sculpté et doré. Style Louis XIV.

93 — Console en acajou orné de cuivre, dessus en marbre blanc. Époque Louis XVI.

94 — Meuble à hauteur d'appui en marqueterie de cuivre, orné de bronze doré et de mosaïque de Florence en relief au centre de la porte.

95 — Jolie petite pendule avec socle d'applique

en écaille orné d'incrustations de cuivre, avec encadrement, rinceaux et volutes en bronze doré. Cadran signé *Baillon,* à Paris. Époque Louis XIV.

96 — Deux bouts de table en bronze gravé et doré à deux lumières de style Louis XIV.

97 — Bougeoir à deux branches en cuivre argenté. Style Louis XV.

98 — Paire de petits flambeaux en bronze ciselé et poli, forme à rocailles. Époque Louis XV.

99 — Paire de flambeaux en bronze ciselé, gravé et doré. Style Louis XIV.

100 — Paire de flambeaux en bronze doré. Style Louis XIV.

101 — Deux carafes en verre rehaussé d'or. Époque Louis XVI.

102 — Boîte à thé en marqueterie de bois.

103 — Petite console d'applique en bois sculpté et doré. Époque Louis XIV.

104 — Socle à trois étages, en bois de fer sculpté, dessus en marbre. Travail chinois.

105 — Écritoire à trois godets, en cuivre argenté. Style Louis XIV.

106 — Écritoire en marqueterie de cuivre sur fond d'écaille de l'Inde. Style Louis XIV.

107 — Belle jardinière en bronze frotté, avec monture en bronze doré de l'époque Louis XIV.

108 — Petit coffret à bijoux formant pelote, en marqueterie de cuivre sur fond d'écaille de l'Inde. Époque Louis XIV.

109 — Table ovale en noyer à étagères.

110 — Table de toilette en acajou, ornée d'un miroir.

111 — Table de nuit en bois rose.

112 — Fauteuil tournant en acajou et couvert en cuir.

113 — Fauteuil en acajou, garni de bronzes et couvert en soie.

114 — Meuble chiffonnier en noyer, à cinq tiroirs.

115 — Petite étagère en acajou.

116 — Lit couvert en étoffe de soie.

117 — Couvre-lit, rideaux de lit et de fenêtre en étoffe de soie pareille.

118 — Table-toilette en noyer, à cinq tiroirs, dessus en marbre.

119 — Pièce de surtout en bronze doré, représentant un groupe de naïades et des enfants sur des dragons.

120 — Socle en bois sculpté de Chine.

121 — Vasque en bois peint : sujets allégoriques au milieu de rocailles.

122 — Modèle de console en plâtre, formé de deux hommes accroupis.

123 — Deux fûts de colonnes en porphyre.

124 — Quatre petits fûts de colonnes en porphyre.

125 — Deux grandes colonnes en marbre griotte de Flandre.

126 — Mortier avec pilon en porphyre.

127 — Jolie pendule en bronze doré, représentant, sous les traits d'une femme appuyée sur le mouvement : l'Allégorie de l'Astronomie. Cadran signé : *Berthoud.*

128 — Très grand modèle de cheminée de style Louis XIV, en carton-pierre.

129 — Socle de pendule en bois noir et cuivre. Époque Louis XIV.

130 — Socle de pendule en marqueterie de cuivre et bronze. Époque Louis XIV.

131-132 — Quatre colonnes en marbre du Languedoc.

133 — Panneau de bois finement sculpté, de l'époque Louis XIV.

134 — Plaque de marbre vert antique.

135 — Deux colonnes en marbre cipolin, ornées d'un tore de laurier en bronze doré.

136 — Pendule en bronze doré, forme monument supporté par des amours et couronné par un groupe, avec socle orné de festons et de feuilles de chêne. Style Louis XVI.

137 — Suspension en cuivre poli à quinze lumières.

138 — Falot en bois sculpté. Travail italien.

139 — Quatre écussons en bois sculpté.

140 — Table de nuit en acajou. Époque Louis XVI.

141 — Grand meuble en marqueterie de bois formant commode dans le bas, bureau au centre et vitrine dans la partie supérieure. Époque Louis XV.

142-143 — Deux commodes de forme bombée, en marqueterie de bois. Travail italien; Époque Louis XIV.

144 — Petit bureau de dame, en marqueterie de bois orné de bronze, forme Louis XV.

145 — Deux petits cadres en bois de fer.

146 — Secrétaire en marqueterie bois de rose, garni de bronzes et dessus en marbre.

147 — Pendule borne en marbre brèche garni de bronze.

148 — Deux flambeaux en bronze.

149 — Deux chenets en bronze doré avec 'pelle et pincettes.

150 — Cartel en bronze doré, époque Louis XV, orné d'amours, d'animaux et rocailles.

151 — Baromètre avec cadre en bois sculpté, surmonté d'un aigle et de feuilles de chêne.

152-153 — Deux paires de bouts de table Louis XV en cuivre argenté à deux lumières.

154 — Table à rallonges en noyer, couverte d'un tapis laine grenat.

155 — Deux étagères en noyer.

156 — Table à découper en noyer.

157 — Huit chaises en noyer couvertes en velours frappé.

158 — Deux plateaux grand et moyen en plaqué.

159 — Deux chaises en noyer, sièges et dossiers, cannées.

160 — Deux chaises en acajou couvertes en damas.

161 — Bureau à cylindre en acajou à trois tiroirs.

162 — Fauteuil en palissandre couvert en velours vert.

163 — Grand casier en chêne.

164 — Petit casier en chêne.

165 — Petite console-applique en bois sculpté.

166 — Grande console Louis XIV en bois sculpté, dessus en marbre.

167 — Glace cadre Louis XVI avec fronton.

168 — Pendule œil-de-bœuf, cadre en chêne.

169 — Table ronde en bois blanc avec tapis.

170 — Chaise en chêne couverte en étoffe.

171 — Paire de chenets représentant des amours.

172 — Paire de chenets représentant des ornements en bronze doré, avec pelle et pincettes.

173 — Table de salle à manger en acajou, à trois rallonges

174 — Fauteuil couvert de moleskine

175 — Fauteuil Louis XIV couvert de bandes de tapisserie et de velours.

176 — Chaise longue en bois blanc.

177 — Deux chaises en acajou couvertes en velours grenat.

178 — Lot de plaqué.

179 — Boîte à gants en incrustation de Bombay.

180 — Coffret à bijoux en nacre.

181 — Jolie petite table mignonnette en marqueterie de Boule, élevée sur trois pieds à consoles en bronze doré.

182 — Coffret en marqueterie de bois.

183 — Armoire en bois sculpté rechampi de blanc. Style Louis XV.

BOIS SCULPTÉS

184 — Grand et beau panneau rectangulaire en noyer sculpté, composé de figures, cariatides, guirlandes de fruits et ornements divers. XVIe siècle.

185 — Panneau en chêne sculpté, rectangulaire, représentant des draperies et des cariatides ailées. XVIe siècle.

186 — Deux petites consoles en chêne sculpté à ornements. Époque Louis XIV.

187 — Deux cariatides en chêne sculpté, ornées de guirlandes de fleurs et de fruits. XVIe siècle.

188 — Beau fronton de meuble en chêne sculpté orné de cariatides tenant des palmes. XVIe siècle.

189 — Deux petites frises en bois sculpté; l'une représente des enroulements, l'autre des petits amours. XVIIe siècle.

190 — Deux consoles en chêne sculpté, ornées l'une d'une tête de chérubin et d'un dauphin, l'autre d'un petit amour. XVIIe siècle.

191 — Panneau rectangulaire en noyer sculpté, représentant des trophées guerriers, rehaussé de vestiges d'or. XVIe siècle.

192 — Deux balustres en bois sculpté, partie doré, du XVIe siècle.

193 — Deux panneaux en chêne sculpté représentant des chiens supportant des cornets garnis de fleurs et entourés d'ornements. XVIIe siècle.

194 — Joli panneau carré en chêne sculpté représentant la Paix, composition d'aspect monumental. XVIe siècle.

195 — Joli panneau rectangulaire en chêne sculpté, représentant des cariatides de dragons accouplées et un mascaron. XVIe siècle.

196 — Deux panneaux rectangulaires en marqueterie de bois; l'un représente la Vérité, l'autre l'Espérance. xvie siècle.

197 — Panneau rectangulaire en chêne sculpté, représentant deux cariatides accouplées supportant une tête fantastique. xvie siècle.

198 — Deux frises rectangulaires en chêne sculpté, offrant en haut-relief des arabesques enlaçant des Amours. xvie siècle.

199 — Deux panneaux rectangulaires, dessin gothique représentant les insignes du Pape en bas-relief.

200 — Deux frises en bois sculpté, ornées de fruits et d'arabesques. xvie siècle.

201 — Deux petits panneaux Louis XIV en bois sculpté partie doré, représentant des ornements et coquillages.

202 — Deux petits panneaux en chêne, Louis XIV, garnis d'ornements dans le haut et le bas.

203 — Petit panneau rectangulaire en bois finement sculpté. Époque Louis XVI.

204 — Trois petits chapiteaux en bois sculpté et doré. Louis XVI.

205 — Petit panneau en marqueterie d'écaille et de cuivre. Époque Louis XIV.

206 — Deux pieds de console en bois sculpté, peints en blanc.

207 — Deux fragments en bois sculpté.

208 — Très joli groupe en bois sculpté rehaussé de peinture et d'or, deux figures d'enfants sur un socle à quatre pieds. Époque Louis XVI.

209 — Cadre rectangulaire en bois sculpté et doré, offrant des rocailles aux angles. Époque Louis XIV.

210 — Petit cadre en bois sculpté doré, à feuilles d'acanthe. Époque Louis XVI.

211 — Petit cadre en bois sculpté et doré à rinceaux et guirlandes de fleurs. — Époque Louis XIV.

212 — Lot de balustres en bois sculpté. (Sera divisé.)

SCULPTURES

213 — Marbre blanc. Très grand et beau buste de guerrier romain. Travail attribué à l'époque Louis XVI.

214 — Deux petits monuments à deux colonnes en marbre de diverses nuances.

215 — Marin (signé et daté 1779). Jolie statuette en terre cuite représentant une nymphe.

ARGENTERIE

216 — Deux salières avec couvercles en cristal monté en argent. Époque Louis XIV.

217 — Moutardier en argent. Époque Empire.

218 — Sucrier à poudre en argent. Époque Louis XIV.

219 — Vingt-six couverts en argent à filets.

220 — Louche en argent.

221 — Dix-sept couverts d'entremets.

222 — Quatre hors-d'œuvre.

223 — Vingt-quatre cuillers en vermeil.

224 — Deux plats ovales.

225 — Deux grands plats ronds.

226 — Deux petits plats ronds.

227 — Poêlon en argent.

228 — Sucrier avec couvercle. Louis XVI.

229 — Moutardier à trois pieds.

230 — Six salières Louis XV.

231 — Deux salières à coquilles.

232 — Truelle à poisson.

233 — Deux petites cuillers à sel en vermeil.

234 — Rond de serviette.

235 — Deux passoires à thé.

236 — Dix-huit couteaux, manches argent et lames en vermeil.

237 — Dix-sept couteaux avec lames en argent.

238 — Dix-huit couteaux, manches argent et lames en acier.

OBJETS DE VITRINE

239 — Jolie boîte rectangulaire en écaille piquée d'or, dessin très fin composé de coquilles et de rinceaux. Époque Louis XV.

240 — Médaillon en mosaïque par *Aguatti*, représentant Napoléon Ier; monture en or.

241 — Couteau avec manche en porcelaine de Sèvres fond vert, décor à fleurs.

242 — Agrafe de ceinture en camée coquille, monture en cuivre.

243 — Deux boucles, dont une émaillée, en cuivre.

244 — Drageoir en écaille blonde pointillée d'or.

245 — Dé en argent doré.

246 — Petite coupe en bois finement découpé.

247 — Trois petits tableaux en broderie de perles.

248 — Trois petites miniatures : portraits d'homme, de femme et d'enfant.

249 — Vingt-deux jetons anciens en argent.

250 — Brosse à chapeau garnie d'une plaque en écaille marquetée de cuivre. — Epoque Louis XIV.

251 — Plaque à jeu en ivoire.

252 — Mascaron en bronze, petit cachet en argent représentant une levrette, et cachet en onyx.

PORCELAINES

253 — Cornet en ancienne porcelaine de l'Inde, fond bleu pointillé avec réserves en blanc et médaillon à nombreux personnages en émaux de couleur.

254 — Paire de grands et beaux vases en porcelaine de Tournai, pâte tendre, fond bleu turquoise, offrant d'un côté des médaillons à scènes champêtres et de l'autre des médaillons à fleurs et fruits. Riches montures en bronze doré. Style Louis XV.

255 — Deux coupes en ancien craquelé de Chine, monture en bronze doré.

256 — Beau vase forme ovoïde en ancienne porcelaine de Chine, fond craquelé, monture en bronze doré, pieds à griffes de lions. Style Louis XVI.

257 — Beau et grand plat creux en ancienne porcelaine de Chine, de la famille verte, décoré d'oiseaux et de fleurs.

258 — Beau plat en ancienne porcelaine de Chine, de la famille verte, décoré de paysages.

259 — Compotier en ancienne porcelaine de Chine, de la famille verte, décoré au centre d'une corbeille de fleurs.

260 — Compotier en ancienne porcelaine de Chine, décor fond bleu fouetté à médaillons en réserve à figures et animaux.

261 — Petit plat en ancienne porcelaine de Chine, décoré de vases avec fleurs et d'objets d'ameublement.

262 — Plat en ancienne porcelaine de Chine, décor polychrome.

263 — Plat en ancienne porcelaine de Chine, de la famille verte, décor paysage et figures.

264 — Plat en ancienne porcelaine de Chine, décoré de fleurs sur fond jaune et sur fond vert. Belle qualité.

265 — Coupe en porcelaine de Tournay, décor fond bleu turquoise avec médaillons allégoriques aux Saisons; le tout à rehauts d'or. Monture en bronze doré, formée de cariatides d'archanges et de guirlandes de fleurs.

266 — Coupe en porcelaine de Sèvres, fond bleu lapis, rehaussée d'or, offrant au centre un médaillon à oiseaux dans un paysage. (Décor plus récent que la pâte.) Monture en bronze doré.

267 — Deux coupes plates en porcelaine de Tournay, décor fond blanc, avec figures d'amours dans les nuages, festons bleu turquoise en guirlandes de fleurs et de perles. Monture bronze doré.

268 — Deux cornets en ancienne porcelaine de l'Inde, décorés de médaillons à personnages,

fond à semis de fleurs rehaussés d'or avec petits cartels à figures.

269 — Vase de Chine, craquelé fond gris, rehaussé de décor en bleu.

270 — Vase en vieux Chine, céladon et craquelé, décoré d'une frise à lambrequins bronzés avec anses à anneaux mobiles. Monture en bronze doré à rocailles. Style Louis XV.

271 — Beau vase en ancienne porcelaine de Chine, forme balustre renversée, fond craquelé et céladonné. Monté sur socle à griffes de lion et peau drapée; avec anses formées de têtes de lions en bronze doré. Style Louis XVI.

272 — Vase en ancien craquelé de Chine, avec anses forme lézard.

273 — Vase en ancien craquelé de Chine, avec anses à têtes chimériques.

274 — Vase en ancienne porcelaine de Chine,

fond craquelé, monture en bronze doré. Style Louis XIV.

275 — Vase en ancienne porcelaine de Chine, fond craquelé, avec anses forme lézard.

276 — Gourde en porcelaine de Chine, décor céladon.

277 — Vase forme balustre renversée, de Chine, fond craquelé.

278 — Vase en vieux Chine, fond craquelé fin, avec anses à têtes chimériques.

279 — Vase de Chine, fond céladonné et craquelé.

280 — Vase en ancienne porcelaine de Chine, fond craquelé avec anses à lézards; monture en bronze doré. Style Louis XV.

281 — Vase en ancienne porcelaine de l'Inde, pâte fine, décoré de médaillons à personnages, fond à fleurs rehaussé d'or.

282 — Deux potiches avec couvercles, en ancienne porcelaine du Japon, décor polychrome à médaillons d'oiseaux et de fleurs de formes variées.

283 — Petite potiche avec couvercle, en ancienne porcelaine du Japon, joli décor à fond d'or et à fond noir avec médaillons à paysages, fleurs et chimères.

284 — Deux figurines d'Allemagne : Musiciens.

285 — Saucière à deux anses, en porcelaine décorée de fleurs. Porcelaine de Villeroi.

286 — Tasse avec soucoupe de Sèvres, pâte tendre, fond blanc, décorées de bouquets de fleurs.

287 — Beurrier en ancien Sèvres, pâte tendre, décoré d'un ruban enlacé fond blanc, orné de fleurs sur fond partie dorée.

288 — Tasse et soucoupe en ancien Sèvres fond blanc, décoré de fleurs.

289 — Écuelle, plateau et couvercle en ancien Sèvres, pâte tendre, fond blanc décoré de bouquets de fleurs.

290 — Chocolatière en ancien Sèvres, pâte tendre, fond blanc décoré de bouquets de fleurs.

291 — Pot à crème en vieux Sèvres, pâte tendre, fond blanc décoré de fleurs.

292 — Assiette en porcelaine de Chine, coquille d'œuf décorée de fleurs et le dessous rouge.

293 — Deux assiettes en porcelaine de Chine, coquilles d'œufs, décorées de figures et le dessous rouge.

294 — Quatre petites tasses avec leurs soucoupes en porcelaine de Chine, décorées de volatiles et de fleurs.

295 — Tasse forme octogone, en porcelaine de Chine, décorée de fleurs.

296 — Théière en porcelaine du Japon, décor bleu, rouge et or.

297 — Deux petits flambeaux, formés par des chimères en porcelaine de Chine.

298 — Deux jolies petites chimères en ancienne poterie chinoise, décor jaune et rouge.

299 — Jardinière quadrangulaire en ancienne porcelaine de Chine, décorée de poissons et d'herbes aquatiques.

300 — Curieuse jardinière double, en ancienne porcelaine de Chine, décor fond quadrillé à fleurs.

301 — Bourdaloue en vieux Chine, décor à fleurs.

302 — Corbeille en porcelaine de Berlin, à jour, décor à fleurs.

303 — Petite jardinière en ancienne porcelaine de la Chine, fond vert avec médaillons à fleurs et insectes.

304 — Groupe de deux figures, en ancienne porcelaine de Chine, décor bleu turquoise avec socle en bronze doré.

305 — Tasse avec soucoupe et présentoir en porcelaine de Chine, décorée de volatiles.

306 — Théière en porcelaine de Saxe, époque Louis XV, fond vert d'eau et médaillon à fleurs.

307 — Chope à anse, en porcelaine de Chine, décorée d'un médaillon à figures, fond bleu.

308 — Bol en ancien Chine, décoré de grecques en relief sur fond vert et de médaillons à fleurs.

309 — Tasse partagée en deux, en vieux Sèvres, pâte tendre, fond blanc décoré de médaillons à trophées de musique avec entourage gros bleu et or.

310 — Petite plaque, pâte tendre de Sèvres, fond vert, médaillon enfant.

311 — Coquetier en pâte tendre de Sèvres, décoré de guirlandes de feuillages et de roses.

312 — Deux soucoupes, l'une en Sèvres, l'autre en Saxe, décorées de fleurs.

313 — Joli groupe en biscuit de Sèvres : la Foi et la Charité.

314 — Vase en biscuit de Sèvres, époque Louis XVI, les anses formées par des mascarons et ornées de guirlandes de fleurs.

315 — Cafetière en ancien Chine, monture en argent, décor paysage.

316 — Soucoupe en ancien Chine, bleu sur blanc.

317 — Théière en ancien Chine, décor paysage, bleu sur blanc.

318 — Sucrier à deux anses en ancien Japon, décor bleu, or et rouge.

319 — Bol en ancien Japon, décor bleu, or et rouge.

320 — Service de table en porcelaine à filets verts.

321 — Bol, fond bleu, avec médaillons en réserves, décorés d'ustensiles et de fleurs.

322 — Petit plateau octogone de Chine, orné de figures.

323 — Socle à six pieds en porcelaine, décor fond bleu clair.

324 — Écuelle avec couvercle en faïence ancienne de Rouen, décorée de blasons et de fleurs bleu et rouge.

325 — Vase en porcelaine de Chine, décoré, burgauté sur trépied en bois sculpté.

326 — Petit vase de Chine à anses, forme têtes de serpent, décor vert, sur socles en bois. Pièce d'échantillon.

327 — Deux vases en porcelaine, pâte tendre, de Saint-Amand, l'un, de style Louis XV, et l'autre, de style Louis XVI.

328 — Deux bols en ancienne porcelaine de Chine, l'un décoré de figures, l'autre de feuillages et fleurs.

329 — Deux petites assiettes creuses en ancienne porcelaine de Chine.

330 — Deux cachepots en porcelaine de l'Inde, décorés de bouquets de fleurs.

331 — Petit cachepot en faïence de Rouen.

332 — Petit vase en porcelaine du Japon, avec son couvercle, monture en vermeil. Époque Louis XIV.

333 — Saladier en ancienne porcelaine de Sèvres, pâte tendre, décor à fleurs.

334 — Vase en ancienne porcelaine de l'Inde, décor à fleurs, avec anses formées de dauphins ailés.

335 — Vase en porcelaine de Sèvres, pâte dure, avec anses à enroulements, pieds à consoles, décor fond bleu turquoise rehaussé d'or et médaillons à fleurs.

336 — Vase en ancienne porcelaine de Chine,

fond céladonné et craquelé, troué avec anses, forme lézards.

337 — Vingt assiettes en ancienne porcelaine de Chine et du Japon, décors variés.

338 — Saucière en ancienne porcelaine de l'Inde, décor à fleurs.

339 — Deux petites cassolettes en ancienne porcelaine du Japon, décor par compartiments à fleurs, monture en argent gravé de style Louis XIV.

340 — Deux petits canards en porcelaine d'Épernay, formant jardinières.

341 — Corbeille en ancienne porcelaine de l'Inde, décor à jour, montée sur socle à rocailles et ornée de deux bras à deux lumières en bronze argenté. Style Louis XV.

342 — Potiche avec couvercle en ancienne porcelaine du Japon, décorée de médaillons à oiseaux sur fond à feuillages, décor bleu et polychrome.

343 — Cornet en ancienne porcelaine de Chine de la famille verte, décor par compartiments, paysages et fleurs.

344 — Vase en ancienne porcelaine de Chine, décor représentant des tournois.

345 — Vase en ancienne porcelaine de Chine de la famille verte, décor par compartiments à paysages et chimères.

346 — Joli vase en ancienne porcelaine de l'Inde, forme hexagonale, décoré de médaillon à figures, à paysages et à fleurs, rehaussé d'or.

347 — Vase, forme potiche, en porcelaine de Chine coquille d'œuf, décoré de médaillons à figures et paysages.

348 — Vase, forme petite potiche, en porcelaine de l'Inde, décoré de médaillons à figures et de fleurs à relief.

349 — Vase, forme potiche, en porcelaine de Chine coquille d'œuf, décoré de paysages à figures.

350 — Paire de vases en porcelaine de Chine, ornés de médaillons à figures, fond bleu, écailles de poissons avec fleurs blanches en relief.

351 — Soucoupe en porcelaine de Chine coquille d'œuf, décorée de figures.

352 — Lavabo et sa cuvette en porcelaine tendre, époque Louis XV, décor or.

353 — Cornet en porcelaine de Chine, décor à arabesques et rosaces.

354 — Vase en ancienne porcelaine de l'Inde, décoré de cartels à personnages sur fond bleu à fleurs en relief.

355 — Gourde en porcelaine de Chine fond bleu sur blanc.

356 — Jardinière en porcelaine de Chine fond bleu barbot avec monture en bronze doré à rocailles. Style Louis XV.

357 — Joli bonbonnier avec plateau adhérent et

couvercle en pâte tendre de Villeroy; bordure à rehauts d'or.

358 — Vingt assiettes en porcelaine de Chine et du Japon. (Sera divisé.)

LAQUES

359 — Boîte en laque de Chine, fond noir et or.

360 — Boîte en laque de Chine, fond or.

361 — Cabinet en laque, fond or, à deux portes et à trois tiroirs.

362 — Tasse et deux soucoupes en laque, fond noir et or.

363 — Plateau en laque, fond noir et or.

364 — Triptyque en laque, le fond du milieu orné d'un vase et d'un plat.

365 — Boîte ronde à bords plats avec son couvercle forme dôme en burgau.

366 — Deux présentoirs en écaille laquée.

VERRERIE. — OBJETS DIVERS

367 — Bouteille en verre de Bohême gravé, monté en vermeil. Époque Louis XIV.

368 — Quantité de bronzes pour garnitures de meubles et modèles de pendules. (Seront vendus par lots.)

369 — Lot de balcons en fer forgé.

TABLEAUX

370 — École française. Diane et Orphée assistés des amours conduisant la farandole. Peinture sur cuivre.

371 — École française. Combat naval.

372 — École flamande. Descente de croix ; composition de nombreuses figures.

373 — Chalmandrier. Plan de la ville et des faubourgs de Paris. Gravure.

374 — École française. Le Montreur d'images.

375 — Machaud. Vue des environs de Gênes.

376 — École française. Porte en ruines dans un paysage.

377 — Dix-huit gravures en partie coloriées et encadrées. (Sera divisé.)

DESSINS

378 — Carton contenant quantité de dessins et croquis pour meubles. (Sera divisé.)

379 — Album contenant quantité de dessins et croquis pour meubles.

380 — Lot de gravures représentant des galeries de sculptures.

381 — Carton contenant des vues de photographies de l'Exposition de Londres.

382 — Carton contenant quantité de dessins, gravures, photographies. (Sera divisé.)

TAPISSERIES. — ÉTOFFES

383 — Deux jolies portières au point, dessin à grands ramages. Époque Louis XIV.

384 — Robe avec manteau en satin bleu clair broché à fleurs. Époque Louis XV.

385 — Tapis de table de tapisserie, dessin à fleurs et rinceaux avec médaillons à paysages. Époque Louis XV.

386 — Lot de rideaux et tentures.

LIVRES

387 — Voyage de Louis-Philippe, roi de France, à Windsor, orné de nombreuses illustrations. 1 vol.

388 — Le Temple des Muses, daté de 1749 et orné de 60 planches dessinées et gravées par B. Picart, le Romain et autres maîtres. 1 vol.

389 — Texte et plan du château d'Anet, par Rodolphe Pénor, daté de 1548, orné de nombreuses gravures. 1 vol.

390 — Architectures, ornements, de l'époque Louis XV, de De la Fosse, orné de nombreuses gravures. 1 vol.

391 — Architecture de divers monuments, orné de nombreuses gravures. 1 vol.

392 — Architecture civile, par Paulus Decker,

daté de 1711, orné de nombreuses gravures. 1 vol.

393 — Théorie et pratique du jardinage, daté de 1747, orné de nombreuses gravures. 1 vol.

394 — Les Plans et Châteaux de Lorraine, datés de 1753, ornés de nombreuses gravures, par Herré. 3 vol.

395 — Le Sacre de Louis XV, daté de 1722, orné de gravures et d'émargements. 1 vol., belle édition, reliure à armoiries.

396 — Description des fêtes données par la Ville de Paris à l'occasion du mariage de Mme Élisabeth de France et de dom Philippe, infant et grand amiral d'Espagne, daté de 1740, orné de nombreuses gravures. 1 vol., grand format, reliure en peau dorée par partie avec armoiries.

397 — La Grande Galerie de Versailles, les deux salons qui l'accompagnent, peints par Charles Le Brun, édition de 1752, ornée de belles et nombreuses gravures. 1 vol., grand format.

398 — Saint-Cloud après la guerre, recueil de photographies. 1 vol.

399 — Plan de Paris sous Louis XV, orné de nombreuses gravures. 1 vol.

400 — Chirurgie avec nombreuses planches, orné de gravures. 1 vol.

401 — Architectures avec nombreuses gravures, par De la Fosse. 1 vol.

402 — Œuvres d'architecture, par Jean Le Pautre, avec nombreuses gravures. 3 vol.

403 — Distribution des maisons de Plaisance, par Jacques-François Blondel, avec nombreuses gravures et texte daté de 1738. 2 vol.

404 — Cours d'architecture de Vignole, par Davillier, daté de 1738, avec nombreuses gravures et texte. 1 vol.

405 — Les Arts somptuaires, par Ch. Louandre,

daté de 1858, dont 2 volumes avec texte et 2 volumes avec planches coloriées. 4 vol.

406 — Le Moyen-Age et la Renaissance, daté de 1848, avec nombreuses planches. 5 vol.

407 — La Jérusalem délivrée, par Torquato, daté de 1617, avec texte et gravures. 1 vol.

408 — Devises pour les tapisseries du roi, daté de 1687, avec nombreuses gravures et texte. 1 vol.

409 — Description du château d'Anet depuis le xe siècle à nos jours, daté de 1875, par Pierre Désiré Roussel d'Anet, avec textes et gravures. 1 vol.

410 — Dessins anglais. 4 vol. Volumes cartonnés.

411 — Portraits des rois de France. 1 vol.

412 — Emblèmes, par Alciat, daté de 1551, avec nombreuses gravures et texte en latin. 1 vol.

413 — Dictionnaire des artistes, par l'abbé de Fontenay, avec l'approbation et privilège du roi, daté de 1776. 2 vol.

414 — Catalogue illustré de la collection San Donato.

415 — Catalogue illustré de la collection Hamilton.

416 — Dictionnaire français, par Pan-Lerique. 1 vol.

417 — Dictionnaire de cuisine, par Alexandre Dumas père, daté de 1873. 1 vol.

418 — Vie privée et publique des animaux, par Grandville, orné de nombreuses vignettes. Daté de 1868. 1 vol.

419 — Les Rues du Vieux Paris, par Victor Fournel, daté de 1879. 1 vol.

420 — Nombreux volumes. (Seront vendus par lots.)

421 — Paris à travers les âges, texte et gravures. Plusieurs livraisons.

422 — Objets non catalogués.

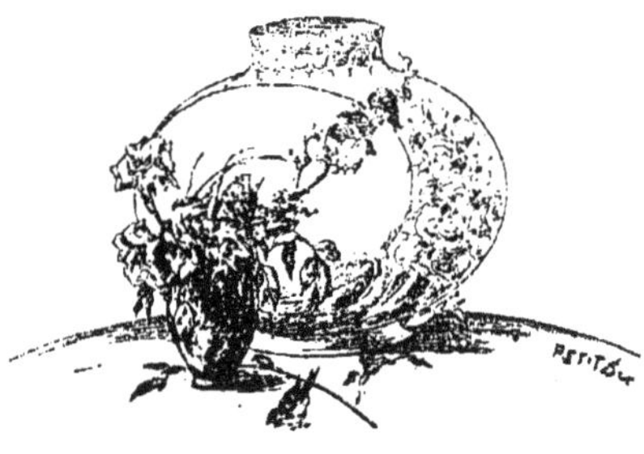

www.ingramcontent.com/pod-product-compliance
Ingram Content Group UK Ltd.
Pitfield, Milton Keynes, MK11 3LW, UK
UKHW021112290826
14628UKWH00014B/1859

9 782329 508559